ACCOUNTING LEDGER

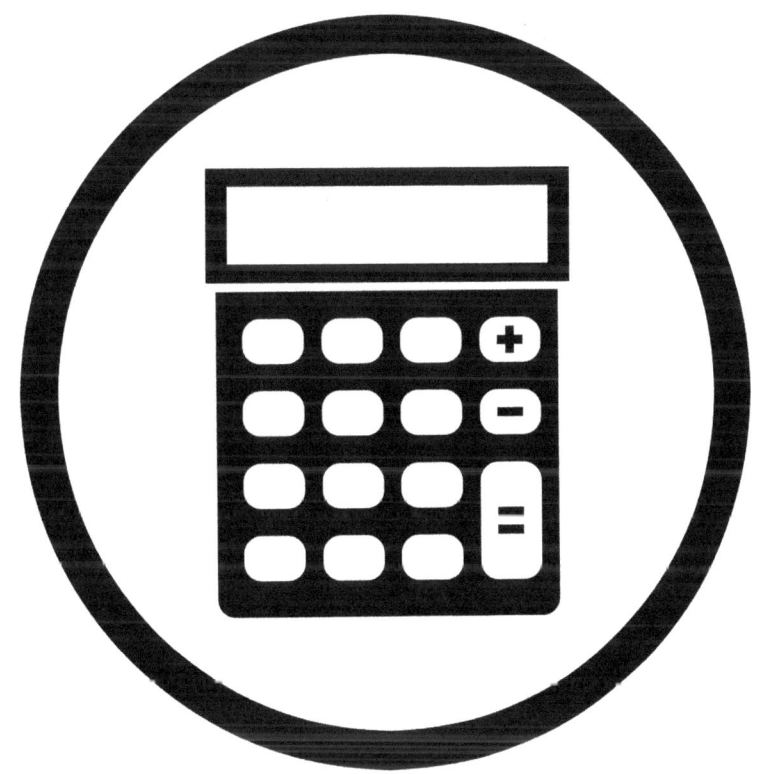

Name: _____

Phone: _____

Accounting Ledger

Sheet No. **Year**

No.	Date	Account	Memo	Payment (Debit)	Deposit (Credit)	Total Balance

Accounting Ledger

Sheet No.   **Year**

No.	Date	Account	Memo	Payment (Debit)	Deposit (Credit)	Total Balance

Accounting Ledger

Sheet No. **Year**

No.	Date	Account	Memo	Payment (Debit)	Deposit (Credit)	Total Balance

Accounting Ledger

Sheet No. **Year**

No.	Date	Account	Memo	Payment (Debit)	Deposit (Credit)	Total Balance

Accounting Ledger

Sheet No. **Year**

No.	Date	Account	Memo	Payment (Debit)	Deposit (Credit)	Total Balance

Accounting Ledger

Sheet No. **Year**

No.	Date	Account	Memo	Payment (Debit)	Deposit (Credit)	Total Balance

Accounting Ledger

Sheet No. **Year**

No.	Date	Account	Memo	Payment (Debit)	Deposit (Credit)	Total Balance

Accounting Ledger

Sheet No. **Year**

No.	Date	Account	Memo	Payment (Debit)	Deposit (Credit)	Total Balance

Accounting Ledger

Sheet No. **Year**

No.	Date	Account	Memo	Payment (Debit)	Deposit (Credit)	Total Balance

Accounting Ledger

Sheet No. **Year**

No.	Date	Account	Memo	Payment (Debit)	Deposit (Credit)	Total Balance

Accounting Ledger

Sheet No. **Year**

No.	Date	Account	Memo	Payment (Debit)	Deposit (Credit)	Total Balance

Accounting Ledger

Sheet No.   **Year**

No.	Date	Account	Memo	Payment (Debit)	Deposit (Credit)	Total Balance

Accounting Ledger

Sheet No. **Year**

No.	Date	Account	Memo	Payment (Debit)	Deposit (Credit)	Total Balance

Accounting Ledger

Sheet No.   **Year**

No.	Date	Account	Memo	Payment (Debit)	Deposit (Credit)	Total Balance

Accounting Ledger

Sheet No. **Year**

No.	Date	Account	Memo	Payment (Debit)	Deposit (Credit)	Total Balance

Accounting Ledger

Sheet No. **Year**

No.	Date	Account	Memo	Payment (Debit)	Deposit (Credit)	Total Balance

Accounting Ledger

Sheet No. **Year**

No.	Date	Account	Memo	Payment (Debit)	Deposit (Credit)	Total Balance

Accounting Ledger

Sheet No.   **Year**

No.	Date	Account	Memo	Payment (Debit)	Deposit (Credit)	Total Balance

Accounting Ledger

Sheet No. **Year**

No.	Date	Account	Memo	Payment (Debit)	Deposit (Credit)	Total Balance

Accounting Ledger

Sheet No.   **Year**

No.	Date	Account	Memo	Payment (Debit)	Deposit (Credit)	Total Balance

Accounting Ledger

Sheet No. **Year**

No.	Date	Account	Memo	Payment (Debit)	Deposit (Credit)	Total Balance

Accounting Ledger

Sheet No. **Year**

No.	Date	Account	Memo	Payment (Debit)	Deposit (Credit)	Total Balance

Accounting Ledger

Sheet No. **Year**

No.	Date	Account	Memo	Payment (Debit)	Deposit (Credit)	Total Balance

Accounting Ledger

Sheet No. **Year**

No.	Date	Account	Memo	Payment (Debit)	Deposit (Credit)	Total Balance

Accounting Ledger

Sheet No. **Year**

No.	Date	Account	Memo	Payment (Debit)	Deposit (Credit)	Total Balance

# Accounting Ledger

Sheet No. **Year**

No.	Date	Account	Memo	Payment (Debit)	Deposit (Credit)	Total Balance

Accounting Ledger

Sheet No. **Year**

No.	Date	Account	Memo	Payment (Debit)	Deposit (Credit)	Total Balance

Accounting Ledger

Sheet No.   **Year**

No.	Date	Account	Memo	Payment (Debit)	Deposit (Credit)	Total Balance

Accounting Ledger

Sheet No. **Year**

No.	Date	Account	Memo	Payment (Debit)	Deposit (Credit)	Total Balance

Accounting Ledger

Sheet No. **Year**

No.	Date	Account	Memo	Payment (Debit)	Deposit (Credit)	Total Balance

Accounting Ledger

Sheet No. **Year**

No.	Date	Account	Memo	Payment (Debit)	Deposit (Credit)	Total Balance

Accounting Ledger

Sheet No. **Year**

No.	Date	Account	Memo	Payment (Debit)	Deposit (Credit)	Total Balance

Accounting Ledger

Sheet No. **Year**

No.	Date	Account	Memo	Payment (Debit)	Deposit (Credit)	Total Balance

Accounting Ledger

Sheet No. **Year**

No.	Date	Account	Memo	Payment (Debit)	Deposit (Credit)	Total Balance

Accounting Ledger

Sheet No. **Year**

No.	Date	Account	Memo	Payment (Debit)	Deposit (Credit)	Total Balance

Accounting Ledger

Sheet No. **Year**

No.	Date	Account	Memo	Payment (Debit)	Deposit (Credit)	Total Balance

Accounting Ledger

Sheet No. **Year**

No.	Date	Account	Memo	Payment (Debit)	Deposit (Credit)	Total Balance

Accounting Ledger

Sheet No. **Year**

No.	Date	Account	Memo	Payment (Debit)	Deposit (Credit)	Total Balance

Accounting Ledger

Sheet No. **Year**

No.	Date	Account	Memo	Payment (Debit)	Deposit (Credit)	Total Balance

Accounting Ledger

Sheet No. **Year**

No.	Date	Account	Memo	Payment (Debit)	Deposit (Credit)	Total Balance

Accounting Ledger

Sheet No. **Year**

No.	Date	Account	Memo	Payment (Debit)	Deposit (Credit)	Total Balance

Accounting Ledger

Sheet No. Year

No.	Date	Account	Memo	Payment (Debit)	Deposit (Credit)	Total Balance

Accounting Ledger

Sheet No. **Year**

No.	Date	Account	Memo	Payment (Debit)	Deposit (Credit)	Total Balance

Accounting Ledger

Sheet No.   **Year**

No.	Date	Account	Memo	Payment (Debit)	Deposit (Credit)	Total Balance

Accounting Ledger

Sheet No. **Year**

No.	Date	Account	Memo	Payment (Debit)	Deposit (Credit)	Total Balance

Accounting Ledger

Sheet No. **Year**

No.	Date	Account	Memo	Payment (Debit)	Deposit (Credit)	Total Balance

Accounting Ledger

Sheet No. **Year**

No.	Date	Account	Memo	Payment (Debit)	Deposit (Credit)	Total Balance

Accounting Ledger

Sheet No. **Year**

No.	Date	Account	Memo	Payment (Debit)	Deposit (Credit)	Total Balance

Accounting Ledger

Sheet No. **Year**

No.	Date	Account	Memo	Payment (Debit)	Deposit (Credit)	Total Balance

Accounting Ledger

Sheet No.   **Year**

No.	Date	Account	Memo	Payment (Debit)	Deposit (Credit)	Total Balance

Accounting Ledger

Sheet No. **Year**

No.	Date	Account	Memo	Payment (Debit)	Deposit (Credit)	Total Balance

Accounting Ledger

Sheet No. **Year**

No.	Date	Account	Memo	Payment (Debit)	Deposit (Credit)	Total Balance

Accounting Ledger

Sheet No.   **Year**

No.	Date	Account	Memo	Payment (Debit)	Deposit (Credit)	Total Balance

Accounting Ledger

Sheet No. **Year**

No.	Date	Account	Memo	Payment (Debit)	Deposit (Credit)	Total Balance

Accounting Ledger

Sheet No. **Year**

No.	Date	Account	Memo	Payment (Debit)	Deposit (Credit)	Total Balance

Accounting Ledger

Sheet No. **Year**

No.	Date	Account	Memo	Payment (Debit)	Deposit (Credit)	Total Balance

Accounting Ledger

Sheet No. **Year**

No.	Date	Account	Memo	Payment (Debit)	Deposit (Credit)	Total Balance

Accounting Ledger

Sheet No. **Year**

No.	Date	Account	Memo	Payment (Debit)	Deposit (Credit)	Total Balance

Accounting Ledger

Sheet No. **Year**

No.	Date	Account	Memo	Payment (Debit)	Deposit (Credit)	Total Balance

Accounting Ledger

Sheet No. **Year**

No.	Date	Account	Memo	Payment (Debit)	Deposit (Credit)	Total Balance

Accounting Ledger

Sheet No. **Year**

No.	Date	Account	Memo	Payment (Debit)	Deposit (Credit)	Total Balance

Accounting Ledger

Sheet No. **Year**

No.	Date	Account	Memo	Payment (Debit)	Deposit (Credit)	Total Balance

Accounting Ledger

Sheet No. **Year**

No.	Date	Account	Memo	Payment (Debit)	Deposit (Credit)	Total Balance

Accounting Ledger

Sheet No. **Year**

No.	Date	Account	Memo	Payment (Debit)	Deposit (Credit)	Total Balance

Accounting Ledger

Sheet No. **Year**

No.	Date	Account	Memo	Payment (Debit)	Deposit (Credit)	Total Balance

Accounting Ledger

Sheet No. **Year**

No.	Date	Account	Memo	Payment (Debit)	Deposit (Credit)	Total Balance

Accounting Ledger

Sheet No. **Year**

No.	Date	Account	Memo	Payment (Debit)	Deposit (Credit)	Total Balance

Accounting Ledger

Sheet No. **Year**

No.	Date	Account	Memo	Payment (Debit)	Deposit (Credit)	Total Balance

Accounting Ledger

Sheet No. **Year**

No.	Date	Account	Memo	Payment (Debit)	Deposit (Credit)	Total Balance

Accounting Ledger

Sheet No. **Year**

No.	Date	Account	Memo	Payment (Debit)	Deposit (Credit)	Total Balance

Accounting Ledger

Sheet No. **Year**

No.	Date	Account	Memo	Payment (Debit)	Deposit (Credit)	Total Balance

Accounting Ledger

Sheet No.   **Year**

No.	Date	Account	Memo	Payment (Debit)	Deposit (Credit)	Total Balance

Accounting Ledger

Sheet No. **Year**

No.	Date	Account	Memo	Payment (Debit)	Deposit (Credit)	Total Balance

Accounting Ledger

Sheet No. **Year**

No.	Date	Account	Memo	Payment (Debit)	Deposit (Credit)	Total Balance

Accounting Ledger

Sheet No. **Year**

No.	Date	Account	Memo	Payment (Debit)	Deposit (Credit)	Total Balance

Accounting Ledger

Sheet No. **Year**

No.	Date	Account	Memo	Payment (Debit)	Deposit (Credit)	Total Balance

Accounting Ledger

Sheet No. **Year**

No.	Date	Account	Memo	Payment (Debit)	Deposit (Credit)	Total Balance

Accounting Ledger

Sheet No.   **Year**

No.	Date	Account	Memo	Payment (Debit)	Deposit (Credit)	Total Balance

Accounting Ledger

Sheet No. **Year**

No.	Date	Account	Memo	Payment (Debit)	Deposit (Credit)	Total Balance

Accounting Ledger

Sheet No. **Year**

No.	Date	Account	Memo	Payment (Debit)	Deposit (Credit)	Total Balance

Accounting Ledger

Sheet No. **Year**

No.	Date	Account	Memo	Payment (Debit)	Deposit (Credit)	Total Balance

Accounting Ledger

Sheet No. **Year**

No.	Date	Account	Memo	Payment (Debit)	Deposit (Credit)	Total Balance

Accounting Ledger

Sheet No. **Year**

No.	Date	Account	Memo	Payment (Debit)	Deposit (Credit)	Total Balance

Accounting Ledger

Sheet No.　**Year**

No.	Date	Account	Memo	Payment (Debit)	Deposit (Credit)	Total Balance

Accounting Ledger

Sheet No. **Year**

No.	Date	Account	Memo	Payment (Debit)	Deposit (Credit)	Total Balance

Accounting Ledger

Sheet No. **Year**

No.	Date	Account	Memo	Payment (Debit)	Deposit (Credit)	Total Balance

Accounting Ledger

Sheet No. **Year**

No.	Date	Account	Memo	Payment (Debit)	Deposit (Credit)	Total Balance

Accounting Ledger

Sheet No. **Year**

No.	Date	Account	Memo	Payment (Debit)	Deposit (Credit)	Total Balance

Accounting Ledger

Sheet No. **Year**

No.	Date	Account	Memo	Payment (Debit)	Deposit (Credit)	Total Balance

Accounting Ledger

Sheet No. **Year**

No.	Date	Account	Memo	Payment (Debit)	Deposit (Credit)	Total Balance

Accounting Ledger

Sheet No. **Year**

No.	Date	Account	Memo	Payment (Debit)	Deposit (Credit)	Total Balance

Accounting Ledger

Sheet No.   **Year**

No.	Date	Account	Memo	Payment (Debit)	Deposit (Credit)	Total Balance

Accounting Ledger

Sheet No.   **Year**

No.	Date	Account	Memo	Payment (Debit)	Deposit (Credit)	Total Balance

Accounting Ledger

Sheet No.   **Year**

No.	Date	Account	Memo	Payment (Debit)	Deposit (Credit)	Total Balance

Accounting Ledger

Sheet No. **Year**

No.	Date	Account	Memo	Payment (Debit)	Deposit (Credit)	Total Balance

Accounting Ledger

Sheet No. **Year**

No.	Date	Account	Memo	Payment (Debit)	Deposit (Credit)	Total Balance

Accounting Ledger

Sheet No. **Year**

No.	Date	Account	Memo	Payment (Debit)	Deposit (Credit)	Total Balance

Accounting Ledger

Sheet No. **Year**

No.	Date	Account	Memo	Payment (Debit)	Deposit (Credit)	Total Balance

Accounting Ledger

Sheet No. **Year**

No.	Date	Account	Memo	Payment (Debit)	Deposit (Credit)	Total Balance

Accounting Ledger

Sheet No. **Year**

No.	Date	Account	Memo	Payment (Debit)	Deposit (Credit)	Total Balance

Accounting Ledger

Sheet No. **Year**

No.	Date	Account	Memo	Payment (Debit)	Deposit (Credit)	Total Balance

Accounting Ledger

Sheet No. **Year**

No.	Date	Account	Memo	Payment (Debit)	Deposit (Credit)	Total Balance

Accounting Ledger

Sheet No. **Year**

No.	Date	Account	Memo	Payment (Debit)	Deposit (Credit)	Total Balance

Accounting Ledger

Sheet No. **Year**

No.	Date	Account	Memo	Payment (Debit)	Deposit (Credit)	Total Balance

Accounting Ledger

Sheet No. **Year**

No.	Date	Account	Memo	Payment (Debit)	Deposit (Credit)	Total Balance

Accounting Ledger

Sheet No.   **Year**

No.	Date	Account	Memo	Payment (Debit)	Deposit (Credit)	Total Balance

Accounting Ledger

Sheet No.   **Year**

No.	Date	Account	Memo	Payment (Debit)	Deposit (Credit)	Total Balance

Accounting Ledger

Sheet No.   Year

No.	Date	Account	Memo	Payment (Debit)	Deposit (Credit)	Total Balance

Accounting Ledger

Sheet No. **Year**

No.	Date	Account	Memo	Payment (Debit)	Deposit (Credit)	Total Balance

Accounting Ledger

Sheet No. **Year**

No.	Date	Account	Memo	Payment (Debit)	Deposit (Credit)	Total Balance

Accounting Ledger

Sheet No. **Year**

No.	Date	Account	Memo	Payment (Debit)	Deposit (Credit)	Total Balance

Accounting Ledger

Sheet No. **Year**

No.	Date	Account	Memo	Payment (Debit)	Deposit (Credit)	Total Balance

Accounting Ledger

Sheet No. **Year**

No.	Date	Account	Memo	Payment (Debit)	Deposit (Credit)	Total Balance

Accounting Ledger

Sheet No.   Year

No.	Date	Account	Memo	Payment (Debit)	Deposit (Credit)	Total Balance

Accounting Ledger

Sheet No. **Year**

No.	Date	Account	Memo	Payment (Debit)	Deposit (Credit)	Total Balance

Accounting Ledger

Sheet No.   **Year**

No.	Date	Account	Memo	Payment (Debit)	Deposit (Credit)	Total Balance

Accounting Ledger

Sheet No. **Year**

No.	Date	Account	Memo	Payment (Debit)	Deposit (Credit)	Total Balance

Accounting Ledger

Sheet No. **Year**

No.	Date	Account	Memo	Payment (Debit)	Deposit (Credit)	Total Balance

Accounting Ledger

Sheet No. **Year**

No.	Date	Account	Memo	Payment (Debit)	Deposit (Credit)	Total Balance